Ute Nast-Linke

Das Data warehouse-Konzept und mulitdimensionale Date

Ute Nast-Linke

Das Data warehouse-Konzept und mulitdimensionale Datenmodellierung

GRIN Verlag

Bibliografische Information der Deutschen Nationalbibliothek: Die Deutsche Bibliothek
verzeichnet diese Publikation in der Deutschen Nationalbibliografie; detaillierte bibliografische Daten sind im Internet über http://dnb.d-nb.de/ abrufbar.

1. Auflage 2003
Copyright © 2003 GRIN Verlag
http://www.grin.com/
Druck und Bindung: Books on Demand GmbH, Norderstedt Germany
ISBN 978-3-638-69896-2

FernUniversität

Gesamthochschule in Hagen

Fachbereich Wirtschaftswissenschaften

Lehrstuhl Wirtschaftsinformatik

Seminararbeit zum Thema

Data Warehouse-Konzept und multidimensionale Datenmodellierung

Seminar: Wirtschaftsinformatik

Name: Ute Nast-Linke

Abgabedatum: 12.05.2003

Inhaltsverzeichnis

1 Einleitung

Die immer kürzeren Veränderungszyklen unterworfenen Märkte stellen alle Marktteilnehmer vor neue Herausforderung. Die Fähigkeit eines Unternehmens, schnelle und richtige Entscheidungen treffen zu können, wird zu einem immer stärkeren Kriterium für seine Wettbewerbsfähigkeit. Der Prozess der Entscheidungsfindung muss daher durch fundierte, umfassende und aktuelle Marktinformation sowie die problemadäquate Aufbereitung dieser Daten unterstützt werden. Eine Aufgabe, die nur mit Hilfe von Informationssystemen – bestehend aus modernster Hard- und Software – bewältigt werden kann.

Frühere Versuche, dem Management Unternehmenskennziffern zeitnah zur Verfügung zu stellen, scheiterten nicht zuletzt an technischen Hürden. Der Fortschritt der letzten Jahre in der Informationstechnik (IT) ließ jedoch viele der technologischen Barrieren verschwinden. Neue Hardware- und Datenbankarchitekturen sprengten die bis dahin existierenden Skalierbarkeits- und Performancegrenzen.

Data Warehouses liefern heute geschäftsrelevante Informationen über Unternehmen, Kunden, Märkte, Lieferanten und anderes mehr. Im Data Warehouse werden Daten aus allen Unternehmensbereichen sowie externen Quellen in einer einzigen Datenbank zusammengetragen, bereinigt und zu Informationen verdichtet – der Manager erhält keine "nackten" Einzeldaten, sondern aussagekräftige Informationen, z.B. Markt- und Betriebskennziffern, die er als Entscheidungsgrundlage heranziehen kann. In der Praxis liegen die Schwierigkeiten in der Erstellung eines optimalen Datenmodell, das auf einer leistungsfähigen Datenbank realisiert werden muss.

2   Definition des Begriff „Data Warehouse"

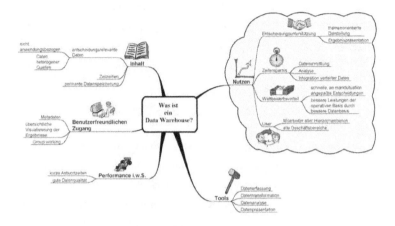

Mindmap 1 : Was ist ein Data Warehouse?

Bereits im Jahr 1988 wurde das Konzept des unternehmensweiten Datenpools von der Firma IBM im Rahmen der EBSI-Architektur (European Business Information Systems) vorgestellt Mit diesem Konzept sollte der Zugang zu unterschiedlichen Systemen über eine einheitliche Schnittstelle möglich sein. Der zu diesem Konzept gehörende Begriff des Data Warehouse wurde einigen Zeit später insbesondere von dem amerikanischen Berater William Immon geprägt. Das Konzept eines Data Warehouses wird häufig als eine analytische Datenbank für ausschließlich lesenden Zugriff dargestellt, die als Grundlage eines Entscheidungssystems genutzt wird [POE und REEVES (1997)].

Neben dieser recht engen Begriffsbildung lassen sich in der Literatur auch weiter gefasste Definitionen eines Data Warehouses finden:

"Ein Data Warehouse (unübliche deutsche Übersetzung: Daten-Lagerhaus) ist ein umfassendes Konzept zur Entscheidungsunterstützung von Mitarbeitern aller Bereiche und Ebenen. Kern ist eine integrierte Datenbank mit entscheidungsrelevanter Information über die Geschäftsfelder, die aus den operativen Datenbanken und externen Quellen bedarfsgerecht destilliert wird. Der direkte Zugriff wird den Endbenutzern durch einen Informationskatalog (Metadatenbank) erleichtert, der über die Inhalte, Formate und Auswertemöglichkeiten des Data Warehouse Auskunft gibt. Eine dritte wesentliche Komponente sind die

Definition des Begriffs „Data Warehouse"

Softwarewerkzeuge und Anwendungsprogramme, mit denen die Daten des Warehouse angefragt, transformiert, analysiert und präsentiert werden können." [HANSEN (1996)]

Das Ziel, welches mit dem Einsatz eines Data Warehouses erreicht werden soll, ist, die schnelle Verarbeitung von Massendaten zur Entscheidungsunterstützung. Um dieses Ziel erreichen zu können, ist das Zusammentragen und Aufarbeiten von Daten alleine nicht ausreichend. Die Daten müssen - sowohl bezüglich des Inhalts als auch von dem Bereitstellungszeitpunkt und der Art der Präsentation – bedarfsgerecht den Entscheidungsträgern zur Verfügung gestellt werden und für eine erneute oder variierte Analyse über eine längere Zeit vorgehalten werden.

Im folgenden wird unter dem Begriff „Data Warehouse" ein System verstanden, über welches aus unterschiedlichen Datenquellen extrahierte, konsistente und entscheidungsrelevante Daten in einer für den Benutzer leicht zugänglichen Art und Weise abfragbar sind. Zur Datenabfrage, -Präsentation und Weiterleitung werden von dem Anwender keine detaillierten Kenntnisse über den Aufbau des Systems sowie der zugrunde liegenden Datenquellen oder das Datenmodell des Warehouse benötigt.

Da Entscheidungssituationen häufig nicht im voraus planbar sind, muss ein Data Warehouse kurze Antwortzeiten aufweisen – die Dauer der Abfragen darf in Abhängigkeit von Menge und Art der abgefragten Daten nur gering schwanken.

Ein Data Warehouse ist ein System, welches dem Anwender erlaubt, sich auf seine Kernaufgaben zu konzentrieren, ohne sich zusätzliches IT-Know-How aneignen zu müssen. Der Name ist Programm: Genauso wie ein Käufer eines Kleidungsstückes in einem Kaufhaus nicht wissen muss, aus welchem Material das Kleidungsstück besteht, wie das Schnittmuster beschaffen ist oder wie es genäht wurde, benötigt ein Anwender eines Data Warehouses lediglich eine genaue Vorstellung von den von ihm benötigten Daten, um diese aus dem Angebot entnehmen zu können.

3 Fokus der Anwendung

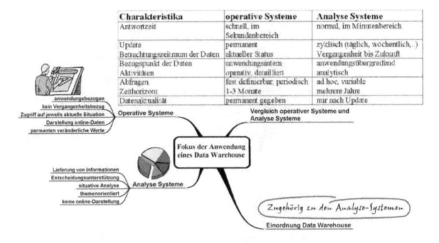

Charakteristika	operative Systeme	Analyse Systeme
Antwortzeit	schnell, im Sekundenbereich	normal, im Minutenbereich
Update	permanent	zyklisch (täglich, wöchentlich,..)
Betrachtungszeitraum der Daten	aktueller Status	Vergangenheit bis Zukunft
Bezugspunkt der Daten	anwendungsintern	anwendungsübergreifend
Aktivitäten	operativ, detailliert	analytisch
Abfragen	fest definierbar, periodisch	ad hoc, variable
Zeithorizont	1-3 Monate	mehrere Jahre
Datenaktualität	permanent gegeben	nur nach Update

Mindmap 2: Fokus der Anwendung eines Data Warehouses

Nachdem im Kapitel 2 erklärt wurde, was unter dem Begriff „Data Warehouse" zu verstehen ist, soll das Data Warehouse nun in dem Umfeld „Informationssysteme" im weitesten Sinne eingeordnet werden. Dazu werden in einem ersten Schritt die Begriffe „operationales System" und „Analyse System" bestimmt und von einander abgegrenzt, um in einem weiteren Schritt das Data Warehouse zu einem der beiden Systemtypen zuordnen zu können.

3.1 Operative Systeme

Bei operativen Systemen handelt es sich um Systeme, die zur Abwicklung und Unterstützung der Kernprozesse eines Unternehmens genutzt werden. Oft handelt es sich um Online-Dialogsysteme, die kontinuierlich aktualisiert werden. Beispiele für operative Systeme sind die Systeme der Materialwirtschaft, des Vertriebes oder der Finanzbuchhaltung. Die in den operativen Systemen gehaltenen Daten sind stark anwendungsbezogen. Es werden nur Daten bestimmter Geschäftsprozesse oder bestimmter Geschäftsvorgänge gespeichert.

Die einzelnen Geschäftsvorgänge bewirken eine kontinuierliche Änderung des Datenbestandes der Systeme – die von ihnen vorgehaltenen Daten stellen jeweils die aktuelle Situation dar. Solche Informationen werden auch als Datenschnappschuss bezeichnet. Durch kontinuierliche Aktualisierung der zugrundeliegenden Datenbank liefert die selbe Abfrage, wird sie zu verschiedenen Zeitpunkten gestellt, u.U. vollständig unterschiedliche Ergebnisse.

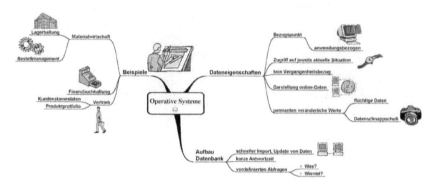

Mindmap 3: Operative Systeme

Die an operative System gestellten Abfragen sind quantitativer Art wie z.B.:

- Wie hoch ist der aktuelle Lagerbestand für das Ersatzteil X?
- Wie viele Teile des Produktes Y sind bestellt und noch nicht ausgeliefert?

Die Datenbankstruktur der operativen Systeme ist so ausgelegt, dass vorher bekannten Anwendungsfälle wie Abfragen und Updates schnell durchgeführt werden können.

3.2 Analyse Systeme

Die Fragestellungen, die mit Hilfe von Analyse Systemen beantwortet werden können, sind von qualitativer Art wie:

- Welcher Zusammenhang besteht zwischen dem Umsatz und der Dauer der Geschäftsbeziehung eines Kunden?
- Bei welchem Produkt liegt der Umsatz unter der Prognose?

Die Daten, die zur Beantwortung dieser Fragen genutzt werden müssen, stammen in der Regel nicht nur aus einem operativen System. Vielmehr müssen zur Beantwortung solcher Fragen meist Daten aus mehreren operativen Systemen zusammengefasst und verarbeitet werden.

Die analytische Datenverarbeitung geschieht zunächst durch Vergleiche oder durch die Analyse von Mustern und Tendenzen. Für diese Analysen ist es nicht zwingend notwendig, dass zu jedem Zeitpunkt der aktuelle Status – also online-Daten - in die Analyse einbezogen wird. Sie basiert vielmehr über einen bestimmten Zeitraum aggregierten Daten, die einen festen Zeitbezug besitzen.

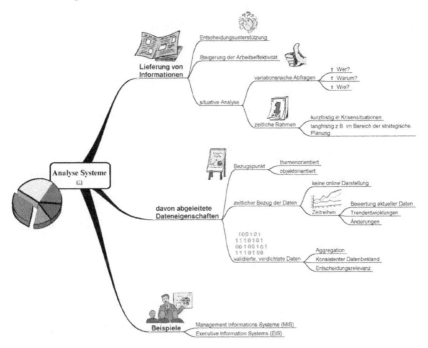

Mindmap 4: Analyse Systeme

Je größer der Datenbestand, auf der eine Analyse basiert, desto geringer ist die statistische Unsicherheit des Ergebnisses. Aus diesem Grund werden in Analysesystemen große Datenbestände gespeichert, die oft – jedoch nicht zwingend – als Zeitreihen vorliegen. Analysesysteme müssen daher in der Lage sein, Abfragen auf großen Datenbeständen mit einer anwenderfreundlichen Wartezeit im Minutenbereich durchzuführen.

Die Datenkonsistenz muss innerhalb des Analysesystems gewährleistet werden. Aus diesem Grund werden manuelle Änderungen der Datenbasis eines Analysesystems nicht zugelassen. Könnten die Daten von den Anwendern geändert werden, kann die Konsistenz der Daten und die Reproduzierbarkeit von Analyseergebnissen nicht mehr gewährleistet werden. Gerade die Reproduzierbarkeit von Analyseergebnissen ist ein wichtiges Kriterium für die Akzeptanz eines Analysesystems. Würden die von dem System gelieferten Ergebnisse unter Nutzung der selben Datenbasis ohne für den Anwender erkennbaren Grund variieren, hätten die Analyseergebnisse keine Aussagekraft mehr.

3.3 Vergleich der Systemtypen und Einordnung des Data Warehouse

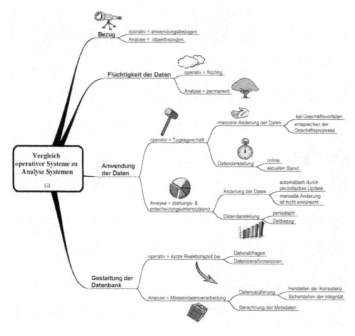

Mindmap 5: Vergleich von operativen Systemen und Analyse Systemen

Vergleicht man die Charakteristika der operativen Systeme sowie der Analyse Systeme mit der in Kapitel 2 in dieser Arbeit genutzten Definition des Data Warehouses, stellt man fest, dass diese bereits die meisten Merkmale eines Analyse Systems trägt.

Charakteristika	operative Systeme	Analyse Systeme
Antwortzeit	schnell, im Sekundenbereich	normal, im Minutenbereich
Update	permanent	zyklisch (täglich, wöchentlich,..)
Betrachtungszeitraum der Daten	aktueller Status	Vergangenheit bis Zukunft
Aktivitäten	operativ, detailliert	analytisch
Bezugspunkt der Daten	anwendungsintern	anwendungsübergreifend
Abfragen	fest definierbar, periodisch	ad hoc, variable
Zeithorizont	1-3 Monate	mehrere Jahre
Datenaktualität	permanent gegeben	nur nach Update

Tabelle 1: Vergleich operative Systeme und Analyse Systeme

Fokus der Anwendung

Entscheidungsrelevante Daten enthalten Analysen der Vergangenheitsdaten, um aus gesammelten Erfahrungen Schlüsse für das Handeln in der Zukunft ziehen zu können. Der Zeithorizont der Daten in einem Data Warehouses erstreckt sich oft über mehrere Jahre. Entscheidungssituationen sind ereignisgesteuert; die Menge und Art der entscheidungsrelevanten Daten sind von der Situation abhängig. Damit für jede Situation die passende Datenbasis aus dem Data Warehouse extrahiert werden kann, muss es den Entscheidungsträgern möglich sein, selbstständig Abfragen zu formulieren und diese ad hoc abzusetzen.

Da es sich bei den Entscheidungssituationen in der Regel nicht um Entscheidungen des aktuellen Tagesgeschäftes handelt – diese werden durch die operativen Systeme unterstützt – kann davon ausgegangen werden, dass es sich um Entscheidungen handelt, deren Umsetzung und Konsequenzen mittel- oder langfristig zu sehen ist. Es ist daher nicht nötig, dass in dem Data Warehouse online-Daten vorgehalten werden. Der Grundgedanke von flüchtigen Daten in einem operativen System und der Nichtflüchtigkeit von Daten in einem Analyse System steht in direkter Verbindung mit der unterschiedlichen Funktion von operativen und analytischen Systemen. Da zudem die Struktur der Datenbank eines Data Warehouses nicht – wie bei den operativen Systemen - für permanente Updates optimiert ist, werden die Daten zyklisch in das Data Warehouse eingeladen. Einem Data Warehouse kann daher nur direkt nach dem Update der aktuelle Status entnommen werden. Die Datenbank einem operativen Systems wird in der Regel so gestaltet, dass es Daten aufnehmen, existierende Daten verändern, Daten abgleichen, Transaktionen verfolgen, Berichte erzeugen, Datenintegrität bewahren und Abfragen so schnell wie möglich bewältigen kann. Somit unterscheidet sich die Gestaltung einer analytischen Datenbank erheblich von der Gestaltung einer operativen Datenbank [POE und REEVES (1997, S. 20-23)], so dass die Funktionalität eines Data Warehouses nur durch ein zyklisches Update und nicht durch permanente Aktualisierung gewährleistet werden kann.

Damit trägt das Data Warehouse alle in Tabelle 1 aufgeführten Merkmale eines Analyse Systems. Nichts desto werden in ihm die Daten der operativen Systeme genutzt. Sie werden von den operativen Systemen abgezogen, mit einem zeitlichen Bezug versehen, validiert, zusammengeführt und aggregiert – und bleiben in den entscheidungsrelevanten Auszügen in dem Data Warehouse für längere Zeit zugreifbar.

4   Aufbau eines Data Warehouse

In den vorangegangenen Kapiteln wurde der Begriff Data Warehouse definiert und die Aufgaben eines Data Warehouse identifiziert. In diesem Kapitel wird der Aufbau eines Data Warehouses beschreiben – wobei der Aufbau durch seine Architektur, seinen Daten und Prozessen bestimmt wird.

4.1   Daten

Die in einem Data Warehouse gespeicherten Daten sind recht heterogen. Im ersten Schritt kann zwischen den Nutzdaten und den Metadaten unterschieden werden.

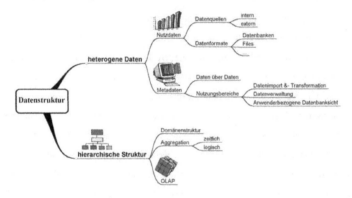

Mindmap 6: Datenstruktur eines Data Warehouse

4.1.1   Metadaten

Bei den Metadaten handelt es sich um Daten über Daten, die in unterschiedlichen Bereichen des Data Warehouse Anwendung finden. Bedingt durch die variablen Nutzungsmöglichkeiten wird dieser Begriff in den unterschiedlichsten Bedeutungen genutzt. Es handelt sich hier um einen Oberbegriff – für eine präzise Bezeichnung der gemeinten Daten muss die Nutzung der Metadaten weiter eingegrenzt werden.

In dem Data Warehouse werden „Daten über Daten"

- für den Datenimport und –Transformation,
- für die Datenverwaltung und
- zur Kapselung der Datenbank und gleichzeitigen Bereitstellung einer Anwendersicht

genutzt.

Aufbau eines Data Warehouse

Bei dem Datenimport und –Transformation werden Daten darüber benötigt, welche Daten aus welcher Datenquelle stammen, in welchem Format sie vorliegen, wie sie importiert werden, wie sie verändert und mit den restlichen Daten aus anderen Quellen zu verknüpfen. Für die Datenverwaltung wird eine Beschreibung des Datenmodells und der Datenbankstruktur benötigt. Darüber hinaus wird über die Metadaten festgelegt, wann welche Aggregationen durchzuführen und welche Daten wann zu archivieren oder auch zu löschen sind.

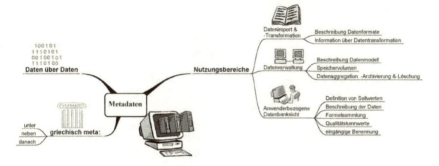

Mindmap 7: Metadaten

Metadaten können den Analysetools zur Verfügung gestellt werden, um dem Anwender die Sicht auf die in dem Data Warehouse vorgehaltenen Daten erleichtert. Diese Metadaten müssen nicht notwendigerweise in dem Data Warehouse vorgehalten werden. Es besteht auch die Möglichkeit, diese Daten direkt in dem Analysetool zu speichern – die Speicherung in dem Data Warehouse hat jedoch einige Vorteile: Häufig werden innerhalb eines Unternehmens Qualitätskennwerte mit der selben Bezeichnung genutzt – allerdings können die Methoden, mit der die Kenngrößen ermittelt werden, zwischen den einzelnen Abteilungen oder Bereichen stark variieren. Z.B. ist der Begriff „Auslastung" einer Abteilung oder eines Bereiches ein sehr dehnbarer Begriff, für den diverse Möglichkeiten zur Ermittlung existieren. Die Folge ist, dass Werte miteinander verglichen werden, die nicht vergleichbar sind oder viel Zeit und Mühe für Nachforschungen verwendet wird, welche Berechungsmethode genutzt wurde. Wird innerhalb des Data Warehouses eine „Formelsammlung" in Form der Metadaten zur Verfügung gestellt, die von einer zentralen Stellen gepflegt wird, können hier Inkonsitenzen und Mehrdeutigkeiten weitgehend verhindert werden.

4.1.2 Nutzdaten

Bei den Nutzdaten wird zwischen den Daten aus internen und Daten aus externen Datenquellen unterschieden. Bei den internen Datenquellen handelt es sich um die operativen Systeme. Aus den operativen Systemen werden Datenschnappschüsse abgezogen, mit einem zeitlichen Bezug – einem Zeitstempel mit dem Datum und der Uhrzeit, an dem die Daten aus den operativen Systemen abgezogen wurden – versehen und in dem Data Warehouse weiter verarbeitet.

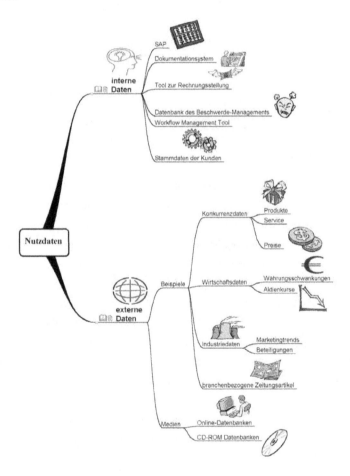

Mindmap 8: Nutzdaten

Aber auch externe Daten sind entscheidungsrelevant – unter Umständen sogar in einem noch größeren Maß als dies für die Daten der internen Datenquellen zutrifft. Auch für externe Daten sind die unterschiedlichsten Typen denkbar. Die Variation reicht von Daten der Konkurrenzunternehmen über aktuelle Börsendaten bis hin zu branchenbezogenen Zeitungsartikeln. Die externen Daten können über Online-Datenbanken oder Informationsbroker bezogen werden. Mit der Menge der Bezugsquellen variieren auch die Medien, auf denen die externen Daten gespeichert sind: Hier ist sowohl der Zugang über Internet als auch CD als Speichermedium denkbar.

4.2 Architektur

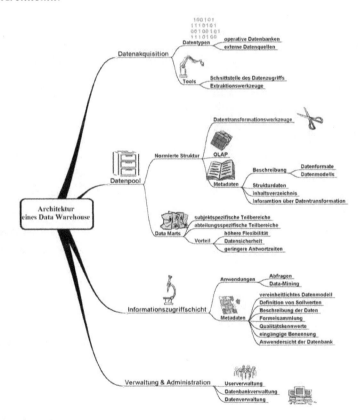

Mindmap 9: Architektur eines Data Warehouses

Aufbau eines Data Warehouse

Die Architektur eines Data Warehouse besteht im wesentlichen aus den folgenden zusammenwirkenden Komponenten:

- Datenimporttools
- Datenspeicher
- Managementsystem zur Anwender-, Datenbank- und Datenverwaltung
- Datenexporttools

**Architektur eines
Data Warehouse**

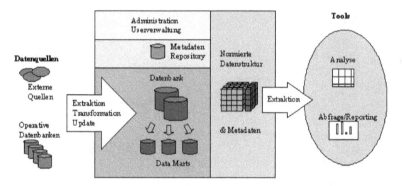

Graphik 1: Schematische Darstellung der Architektur eines Data Warehouse

Die Darstellung der gelieferten Daten erfolgt in einem Tool zur Datenanalyse und – Präsentation. Diese Tools – die aus Sicht der Anwender wesentlich zur effektiven Nutzung des Data Warehouses sind – sind nicht Teil der Architektur des Data Warehouse im eigentlichen Sinne. Diese Tools sind externe Komponenten, die die aus dem Data Warehouse extrahierten Daten nutzen.

4.2.1 Datenimporttool

Für die Bereitstellung von entscheidungsrelevanten Daten ist es nötig, Daten aus vielen verschiedenen Datenquellen in das Data Warehouse einzubinden. Dies bedeutet aber auch, dass das Data Warehouse in der Lage sein muss, Daten mit den unterschiedlichsten Formaten einzubinden. Die Importtools müssen ebenso in der Lage sein, Daten über eine SQL-Schnittstelle direkt aus einer anderen Datenbank abzuziehen, wie Files diverser Formate (csv, Excel, dBase-Format,...) zu importieren. Die Art der Datenlieferung kann von einer aktiven

Aufbau eines Data Warehouse

Anforderung der Daten durch das Data Warehouse mit Hilfe von MML-Kommandos bis hin zum passiven Empfangen von Datenfiles per ftp (File Transfer Protocoll) variieren. Die Art und Menge der Datenformate und Mechanismen der Datenlieferung kann nicht vorab definiert werden. Ändert sich die Systemumgebung des Unternehmen oder die Art der Entscheidungen, die von dem Data Warehouse unterstützt werden sollen, müssen Daten aus weiteren Datenquellen auf einfache Weise in das Data Warehouse importiert werden können. Zu diesem Zweck ist das Importtool mit Mediation Devices modular aufgebaut. Ein Mediation Device ist ein Tool, welches Daten eines bestimmten Formates so konvertiert, dass sie importiert werden können. Soll eine neue Datenquelle erschlossen werden, muss im schlimmsten Fall für das Data Warehouse ein neues Mediation Device erstellt werden. Dieses wird zusätzlich zu den bereits bestehenden Mediation Devices aktiviert, ohne dass der Import für die bereits etablierten Datenquellen geändert werden muss. Relativ einfach ist dagegen die Einbindung einer neuen Datenquellen, wenn das Format der von ihr gelieferten Daten und der Mechanismus der Datenlieferung mit dem einer bereits eingebunden Datenquelle übereinstimmt. In diesem Fall wird kann das bestehenden Mediation Device auch für die neue Datenquelle genutzt werden.

Die Aufgabe der Importtools beschränkt sich jedoch nicht alleine auf die Extraktion der Daten. Bereits bei dem Import der Daten, werden diese validiert und transformiert. Da die dazu genutzten Mechanismen stark von dem Kontext und Inhalt der Datenbestimmt werden, werden auch diese Mechanismen in den Mediation Devices verankert.

Der Import der Daten ist dann beendet, wenn die Daten der unterschiedlichen Datenquellen entsprechend dem Datenmodell transformiert, verknüpft und in den Datenpool der Nutzdaten eingeladen wurden.

4.2.2 Datenspeicher

Neben den verschiedenen Datentypen, die bereits in Kapitel 4.1 vorgestellt wurden, ist bei der Architektur eines Data Warehouses die logische Verteilung auf Datenbankebene sowie die physikalische Verteilung der Daten von Bedeutung. Der Datenspeicher eines Data Warehouses kann aus nur einer Datenbank bestehen – welche durchaus auch physikalisch verteilt realisiert werden kann. Eine andere Möglichkeit ist Einbindung von Data Marts. Ein Data Mart stellt ein Data Warehouse dar, welches lediglich auf einen oder einige wenige Themenbereiche beschränkt ist. Data Marts können aber die Vorstufe zu dem unternehmensweiten Data Warehouse darstellen, indem die Data Warehouses der einzelnen

Bereiche nach und nach zu einem gemeinsamer Datensicht integriert werden. Gegenüber bereichsübergreifenden Lösungen finden Data Marts oft den Vorzug, da sie in relativ kurzer Zeit zu vergleichsweise geringen Kosten realisiert werden können. Auch können die Belange des Datenschutzes durch die Bildung von Datamarts einfacher berücksichtigt werden.

4.2.3 Managementsystem

Zur Anwender-, Daten- und Datenbankverwaltung müssen Tools innerhalb des Data Warehouse zur Verfügung gestellt werden. Eine näher Beschreibung dieser Tools würde den Rahmen dieser Arbeit jedoch sprengen. Der Vollständigkeit halber seinen sie an dieser Stelle erwähnt und unter dem Oberbegriff „Managementsysteme" zusammengefasst.

4.2.4 Datenexporttools

Der Sinn und Zweck eines Data Warehouses ist die Lieferung von entscheidungsrelevanten Daten auf Anfrage des Nutzers – bzw. im Fall eines Data Marts die Datenlieferung an ein übergeordnetes Data Warehouse. Ein Data Warehouse muss daher eine Schnittstelle zur Verfügung stellen, über die Daten exportiert werden können.

4.3 Prozesse

Die Prozesse innerhalb des Data Warehouses bestimmen die Datenströme, die zwischen den einzelnen Komponenten des Data Warehouses fließen. Die Performance und die Datenkonsistenz – und damit auch die Akzeptanz des Data Warehouses bei den Anwendern – hängt stark von ihnen ab.

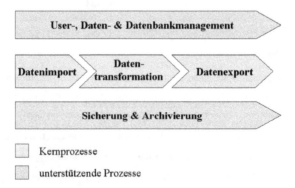

Graphik 2: Prozesse des Data Warehouse

Aufbau eines Data Warehouse

Dieses Kapitel konzentriert sich auf die Hauptprozesse des Data Warehouses – die Managementprozesse werden nur dann erwähnt, wenn sie der Steuerung der Datenflüsse dienen.

4.3.1 Datenimport

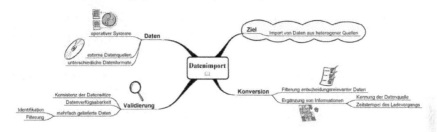

Mindmap 10: Datenimport

Bei dem Prozess des Datenimports werden Daten sowohl aus internen als auch aus externen Quellen extrahiert. Um die Datenkonsistenz des Data Warehouses gewährleisten zu können, müssen die Daten bereits während des Importprozesses validiert werden. Durch Speicherungs- oder Eingabefehler könnten die Ursprungsdaten widersprüchliche Angaben enthalten – die Daten könnten jedoch auch durch Übertragungsfehler verfälscht werden. Ziel der Validierung ist es, nicht konsistente Daten bereits vor dem Ladenvorgange zu identifizieren, zur Überprüfung zu speichern oder ggf. erneut von der Datenquelle anzufordern. Die Validierungen erfolgt anhand von vorgegebenen, einfachen Regeln, welche stark von dem jeweiligen Kontext der Daten abhängen. Werden z.B. KfZ-Daten aus Deutschland eingelesen, so darf das Ortskürzel in dem Nummernschild höchstens 3 Stellen lang sein und nur Buchstaben enthalten. Ein Datensatz, dessen Ortskürzel eine Zahl enthält, ist offensichtlich fehlerhaft.

Zusätzlich zu fehlerhaften Datensätzen müssen beim Ladeprozess aber auch mehrfach gelieferte Daten identifiziert und verworfen werden. Neben der unnötigen Belegung von Speicherplatz könnten redundant geladene Datensätze zu falschen Analyseergebnissen führen. Zum Beispiel ist bei Gebührensätzen von Telefongesprächen bereits die Anzahl der Datensätze eine aussagekräftige, für Analysen häufig genutzte Kennzahl. Ebenso wie doppelte können aber auch fehlende Datensätze Analyseergebnisse beeinträchtigen. Direkt im Anschluss an den eigentlichen Ladeprozess sollte die Datenverfügbarkeit ermittelt werden. Relativ einfach lässt sich dies nur bei Datenquellen realisieren, deren Daten in einem zeitlich

Aufbau eines Data Warehouse

fixen Rhythmus - also getaktet - ermittelt werden und mit einem Zeitstempel versehen sind. In allen anderen Fällen müssen zur Ermittlung der Datenverfügbarkeit Prüfungen der Plausibilität wie z.b. der Vergleich mit geeigneten Vergangenheitsmaterial durchgeführt werden. Werden z.b. in den Call-Daten einer national tätigen Telefonauskunft keinerlei Anrufe aus dem Vorwahlgebiet 08 registriert, so deutet dies auf einen Datenverlust hin. Ergibt sich bei den Überprüfungen ein Verdacht auf Datenverlust, muss dieser in geeigneter Form in dem Data Warehouse vermerkt werden. Auf diese Weise kann die verminderte Datenqualität bei Analysen berücksichtigt werden.

Oft enthalten die in das Data Warehouse einzuladende Daten Datenfelder, die nicht entscheidungsrelevant sind. Zum Beispiel werden die ID-Nummern der Datensätze zur internen Datenverwaltung von der Datenquelle genutzt – in einem Data Warehouse wären sie nicht von Nutzen. Dagegen kann es für eine Analyse sehr wohl von Interesse sein, aus welcher Datenquelle die genutzte Datenbasis stammt – und diese Information ist in den ursprünglichen Daten meist nicht enthalten. Aufgabe des Datenimports ist es daher auch, die entscheidungsrelevanten Daten aus den gelieferten Daten heraus zufiltern und die Datensätze gegebenenfalls mit zusätzlich benötigten Informationen wie z.B. die Kennung der Datenquelle, den Zeitpunkt der Datenlieferung u.s.w. anzureichern.

4.3.2 Datentransformation

Die von dem Datenimport eingeladenen Daten weisen in der Regel für jede Datenquelle eine andere Datenstruktur auf. Dass dies bei den externen Datenquellen der Fall ist, ist direkt einsichtig. Häufig trifft diese Aussage jedoch auch auf die internen Datenquellen – die operativen Systeme – zu. In einem Unternehmen werden für unterschiedliche Anwendungen unterschiedliche operative System genutzt, deren Datenstrukturen nicht aufeinander abgestimmt sind. Diese heterogenen Daten müssen nun so verändert werden, dass sie in die Datenstruktur des Data Warehouses übernommen werden können.

Aus den importierten Daten können nur dann entscheidungsrelevante Informationen extrahiert werden, wenn ihr Kontext bekannt ist und entsprechend der Datenstruktur des Data Warehouses homogenisiert wurde. Kontext bedeutet in diesem Zusammenhang:

1. der Bezug auf das Objekt, welches durch die Daten beschrieben wird

2. die Bedeutung, der einzelnen Datenfelder

Aufbau eines Data Warehouse

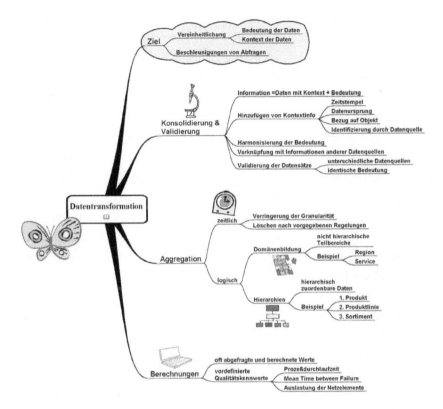

Mindmap 11: Datentransformation

Das Data Warehouse enthält Daten über Objekte, die nach einem eindeutigen Schlüssel identifiziert werden können. Der Schlüssel für Einträge im Telefonbuch hat zum Beispiel die folgende Form:

1. Sortierschlüssel	2. Sortierschlüssel	3. Sortierschlüssel
Ort	Nachname	Vorname

Sollen zusätzliche Daten in ein Telefonbuch eingefügt werden, deren Schlüssel die Form

1. Sortierschlüssel	2. Sortierschlüssel
Nachnahme, Vorname	PLZ, Ort, Strasse

hat, dann ist ein direktes Einfügen nicht möglich. Zunächst muss der Schlüssel in das vorgegebenen Format transformiert werden.

Dem Schlüssel der Objekte kommt eine besondere Bedeutung zu – aber die Transformation bleibt nicht nur auf den Schlüssel beschränkt. Sämtliche Datenfelder müssen in ihrem Kontext überprüft und gegebenenfalls an die Datenstruktur des Data Warehouse angepasst werden. Die Gebührendaten für ein Telefonates sind zum Beispiel durch den Zeitpunkt des Beginns und die gesamte Dauer vollständig bestimmbar - ebenso kann dies jedoch durch den Zeitpunkt des Beginns und den Endzeitpunkt geschehen. Die Information die in den beiden alternativen Datensätzen enthalten ist, ist dieselbe – ihr Kontext ist jedoch unterschiedlich.

Bei Daten aus unterschiedlichen Datenquellen, die den selben Sachverhalt beschreiben, besteht immer die Gefahr, dass sie nicht kongruent sind. Würde ein Data Warehouse unterschiedliche Aussagen zu einem Sachverhalt enthalten, wäre es Aufgabe des Anwenders Recherchen darüber anzustellen, welches die korrekte Aussage ist. Um ihn davon zu entlasten, muss eine Validierung der zweiten Stufe erfolgen, bevor die eingeladenen Daten für eine Analyse zur Verfügung stehen. Nachdem die Daten aller Datenquellen entsprechend dem Datenmodell des Data Warehouses transformiert wurden, müssen die Informationen der verschiedenen Quellen verglichen und gegebenenfalls abgeglichen werden. Werden zum Beispiel Daten von Kundenreklamationen in das Data Warehouse eingeladen, so muss sich in den Kundenstammdaten der Kunde und in den Logistik-Daten die zugehörige Lieferung identifizieren lassen. Ist dies nicht der Fall, muss der Datensatz der Reklamation überprüft werden - möglicherweise handelt es sich um eine nicht gerechtfertigte Reklamation. Immer dann, wenn Schnittstellen zwischen den einzelnen operativen Systemen oder Prozesse, in deren Ablauf mehrere operative System genutzt werden, existieren, kann die Möglichkeit bestehen, die Daten mit- und gegeneinander zu validieren.

Damit eine Antwortzeit des Data Warehouses im Minutenbereich gewährleistet werden kann, sind neben der Datentransformation und –Validierung noch weitere Modifikationen nötig. Werden für eine Analyse z.B. die Umsatz-Jahreswerte benötigt, sollten diese aus dem Data Warehouse geliefert werden – und nicht 365 Tageswerte pro Jahr, die von dem Anwender zu dem gewünschten Jahreswert zusammengefasst werden müssten.

Aufbau eines Data Warehouse

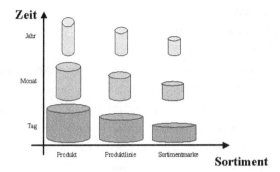

Graphik 3: Aggregation

Neben der zeitlichen Aggregation erfolgen die sogenannten logischen Aggregation. Dabei kann zwischen Hierarchien und Domänen unterschieden werden. Hierarchien werden – wie der Name bereits sagt - durch hierarchische Beziehungen zwischen den Objekten des Datenmodells gebildet. Ein Beispiel für eine Hierarchie ist in der oberen Graphik gezeigt: Eine Sortimentsmarke kann mehrere Produktlinien enthalten, welche wiederum aus mehreren Produkten besteht.

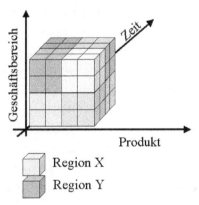

Graphik 4: Domänenbildung

Eine Domäne dagegen zeigt keine hierarchische Struktur. Verschiedene Domänen der gleichen Art werden durch unterschiedliche Ausprägungen desselben Merkmals gekennzeichnet. Die obere Graphik zeigt dafür ein Beispiel: die regionale Zuordnung. Die hierarchischen Aggregate „Geschäftsbereich", „Produkt" und „Zeit" zerfallen jeweils auf die unterschiedlichen Ausprägung der Domäne „Region".

Aufbau eines Data Warehouse

Wie die Beispiele zeigen, muss sich die Definition der Dimensionen der logischen Aggregationen stark an der Anwendung orientieren. Lediglich die zeitliche Aggregation kann generell für Zeitreihen als sinnvoll angesehen werden.

Neben der Verkürzung der Antwortzeit wird durch die Bildung von Domänen auch eine Fehlerreduktion erreicht[1]: Durch die Bereitstellung der aggregierten Werte im Data Warehouse kann die Nutzung von unterschiedlichen Berechungsvorschriften durch unterschiedliche Nutzer für eine Kenngröße vermieden werden. Die Nutzer können sich auf die Analyse der Daten konzentrieren, ohne Zeit und Aufwand in eine vorherige Aggregation der Daten auf die benötigte Granularität zu verschwenden.

Darüber hinaus wird Detailwissen, welches zwar zur Selektion der analyserelevanten Daten benötigt wird, aber bei den Nutzern nicht in jedem Fall vorausgesetzt werden kann, in das Data Warehouse eingelagert. Zum Beispiel ist einem Nutzer, der den Umsatz der Region X abfragt, nicht unbedingt bekannt, nach welchem Schlüssel die Umsätze der einzelnen Kunden den Regionen zugeordnet werden. Durch die Bereitstellung der Domäne „Region" erfolgt diese Zuordnung durch das Data Warehouse – der Nutzer kann die Abfrage in der von ihm gewünschten Form „Wie viel Umsatz wurde in der Region X erzielt" stellen und wird nicht zu der verklausulierten Form „Summiere den Umsatz der Kunden A, B und D und den Umsatz des Kunden C mit dem Produkt Q" gezwungen.

In diesem Zusammenhang ist auch einsichtig, dass häufig abgefragte Kenngrößen oder innerhalb des Unternehmen fest definierte Qualitätswerte in dem Data Warehouse berechnet und den Anwendern zur Verfügung gestellt werden sollten. Wie schon erwähnt kann es bereits bei den Vorschriften zur Aggregation zu Mehrdeutigkeiten kommen – sehr viel schneller geschieht dies bei komplexen Qualitätskennwerten wie z.B. der Kapazitätsauslastung einer Abteilung. Werden solche Werte nicht in dem Data Warehause berechnet, besteht die Gefahr, dass unterschiedliche Kenngrößen – die zwar die selbe Bezeichnung tragen, aber sonst wenig miteinander gemein haben – in die selbe Analyse einbezogen werden.

---

[1] Bei der Aggregation von Mittelwerten wie zum Beispiel der mittleren Lieferdauer tendieren viele Anwender intuitiv dazu, den Jahreswert als Mittelwert der Monatswerte zu bestimmen. Diese Methode ist jedoch falsch. Richtig für das genannte Beispiel ist die Summation der Lieferdauer aller Lieferungen eines Jahres dividiert durch die Anzahl aller Lieferungen des betreffenden Jahres.

Aufbau eines Data Warehouse

4.3.3   Sicherung & Archivierung

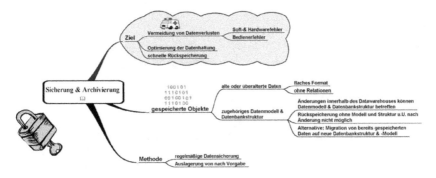

Mindmap 12: Sicherung & Archivierung

Damit ein Data Warehouse bei Datenverlust durch Bediener-, Software- oder Hardwarefehlern wieder hergestellt werden kann, werden die Daten regelmäßig gesichert. Die Archivierung kann jedoch auch der Optimierung des Speicherplatzes dienen, wenn selektiv Daten auf ein anderes Speichermedium ausgelagert werden. Neben der Reduzierung der Kosten für das Speichermedium kann damit eine Verkürzung der Antwortzeiten erreicht werden.

Archiviert werden Daten, auf die selten zugegriffen wird. Diese Daten werden aufgrund vorgegebener Kriterien – wie z.B.: das Datum des Datensatz liegt 5 Jahre in der Vergangenheit – identifiziert und aus dem direkt zugreifbaren Datenbestand entfernt.

Sowohl für die Datensicherung als auch für die –Archivierung sollte eine schnelle Rückspeicherung in das System im Bedarfsfall möglich sein. Die Daten müssen daher in einer Form aus dem System entnommen werden, die eine Rückspeicherung ohne weitere Datentransformation ermöglicht. Es ist gemeinhin üblich, Archivdateien als zusammengefügte große Daten ohne relationalen Bezug zu speichern, wobei das Dateiformat eine schnelle Rückspeicherung zulässt. Dies birgt jedoch die Gefahr, dass eine Rückspeicherung dann nicht mehr möglich ist, wenn sich die Datenstruktur im Laufe der Zeit ändert. Damit sie trotzdem ohne größere Vorbereitung durchgeführt werden kann, kann es daher notwendig sein, ebenfalls die Metadaten der Datenstruktur ebenfalls zusammen mit den Nutzdaten zu archivieren.

4.3.4 Datenexport

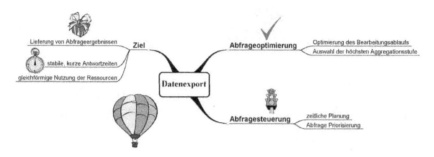

Mindmap 13: Datenexport

Der Datenexport ist der Prozess, mit dessen Hilfe Anwender Daten aus dem Data Warehouse abfragen. Die Abfragen werden durch die Anwender – unter Umständen mit der Unterstützung von Analysetools – initiiert. Damit ist das Datenvolumen, welches aus dem Data Warehouse exportiert werden, nicht exakt vorherbestimmt und unterliegt zyklischen Schwankungen. Soll trotzdem die Antwortzeiten im Minutenbereich bleiben und für die Anwender keine Lastsituationen spürbar werden, müssen die Abfragen so optimiert und gesteuert werden, dass die Ressourcen des Data Warehouses gleichmäßig belastet werden.

Um dies zu erreichen, stehen mehrere Methoden zur Verfügung. Die eine ist die Abfrageoptimierung. Jede Abfrage in einzelne Prozessschritte unterteilt werden, die zum Teil parallel und zum Teil in variabler Reihenfolge abgearbeitet werden können. In Abhängigkeit von der Größe und der Struktur der Datenbank kann die Antwortzeit durch die Reihenfolge der Prozessschritte beeinflusst werden. Durch die Ergänzung von Optimierungshinweisen in den Abfragen kann so die Antwortzeit verkürzt werden. Die Schwierigkeit bei der Abfrageoptimierung besteht in der Abhängigkeit von der Größe des Datenbestandes. Wächst der Datenbestand im Laufe der Zeit an, können vorher effektive Optimierungshinweise bei einem gestiegenen Datenbestand zu einer Verlängerung der Antwortzeit führen. Es ist daher zwingend notwendig, die Abfrageoptimierung dynamisch zu gestalten.

Wie in dem Kapitel 4.3.2 beschrieben, liegen die Daten in mehreren Aggregationsstufen in dem Data Warehouse vor. Da eine Abfrage um so länger dauert, je größer der Datenbestand ist, auf den sie zugreift, sollten Abfragen so gelenkt werden, dass sie auf die Aggregationsstufe mit der jeweils geringsten möglichen Granularität zugreift. Die Anwender kennen die Struktur das Data Warehouses nicht – und können somit sie die von ihnen benötigte Datengranularität in der Abfrage nicht benennen. Sie muss durch vorher festgelegte Regeln bei einer Analyse der Abfrage ermittelt werden.

Neben der Abfrageoptimierung kann auch eine Steuerung der Abfragen zu einer Reduktion der Last führen. Dazu bietet sich die Priorisierung von Abfragen an. Wenn Abfragen hintereinander abgearbeitet werden können, ist die gesamte Bearbeitungsdauer kürzer, als wenn die selbe Menge an Abfragen parallel abgearbeitet werden muss. Durch die Priorisierung von Abfragen – z.B. in Abhängigkeit von der User-ID - kann eine Reihung der Abfragen erreicht werden. Werden gleichzeitig mehrere Abfragen gestellt, wird mit ihrer Bearbeitung erst dann begonnen, wenn eine bestimmte Lastgrenze unterschritten ist. Dabei liegt diese Grenze für Abfragen mit einer höheren Priorität über der Grenze von Abfragen mit einer niedrigeren Priorität. Obwohl für einige Abfragen damit die Antwortzeit durch die Wartedauer verlängert werden, werden über diese Reihung der Abfragen die Antwortzeiten im Mittel verkürzt.

Lastsituationen werden häufig durch die Arbeitszeit der Anwender kreiert. Abfragen auf die Daten des vergangenen Tages erfolgen meist zwischen 8 und 9 Uhr morgens, wenn der Bürotag der Anwender beginnt. Meist erfolgt der Datenimport zu einer lastarmen Zeit – nämlich nachts. Das bedeutet, dass die Daten zu einem früheren Zeitpunkt zur Verfügung stehen, als sie von den Anwendern abgerufen werden. Meist handelt es sich um Standardabfragen, die in dieser Form häufig gestellt werden – lediglich die Datenwerte ändern sich. Wenn diese Abfragen über einen Zeitplan automatisch gestartet werden, sobald die Basisdaten in dem Data Warehouse vorliegen, wird eine Verteilung der Last erreicht. Standardabfragen wurden zu einer lastarmen Zeit bearbeitet. Die Ergebnisse liegen zu Bürostart bereits vor, was den Anwender die Wartezeit erspart. Erfolgen dann Adhoc-Abfragen durch den Anwender, werden die Ressourcen nicht mehr durch die Standardabfragen belastet.

5 Datenmodellierung

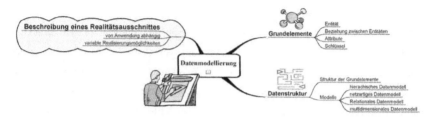

Mindmap 14: Datenmodellierung

Die in einer Datenbank abgelegten Daten beschreiben einen Teil der Realität. Wie bei jeder Beschreibung eines Objektes kann dies auch in einer Datenbank auf unterschiedliche Weisen geschehen. Ein Auto kann von einem Beobachter als Opel, rot, mit einem Preis von 16.500€ beschreiben werden – oder aber: als mit überhöhter Geschwindigkeit, auf der falschen Straßenseite fahrend, mit dem Nummernschild „GG-PL-256". Die zur Beschreibung genutzten Attribute hängen stark von der Interessenslage und der jeweiligen Situation ab. Auch bei der „Realitätsbeschreibung" der Datenbank orientiert sich die Auswahl der für die Beschreibung genutzten Merkmale an den Schwerpunkt der Anwendung, für die sie genutzt werden sollen.

Die Aufstellung des Konzept zur Beschreibung eines Realitätsausschnitts wird als Datenmodellierung bezeichnet. In nahezu allen Datenmodellen treten bestimmte Elemente auf, die die Bausteine des Datenmodells bilden. Diese Grundelemente sind Entitäten[2], die Beziehung zwischen den Entitäten[3], Attribute[4] zur Charakterisierung von Entitäten und Schlüssel[5].

---

[2] Eine Entität ist ein Element der Datenwelt, welches ein reales oder ein gedankliches Einzelphänomen in einem betrachteten Realitätsausschnitt repräsentiert [GEHRING und HOMBERGER].

[3] Eine Beziehung zwischen zwei Entitätsmengen E1 und E2 besteht aus der Assoziation a(E1,E2) und aus der dieser Assoziation entgegen gerichteten Assoziation a(E2,E1). Eine Assoziation a(E1,E2) gibt an, wieviele Entitäten der Entitätsmenge E2 einer beliebigen Entität der Entitätsmenge E1 zugeordnet sein können. [GEHRING und HOMBERGER]

[4] Ein Attribut beschreibt eine bestimmte Eigenschaft, die sämtliche Entitäten einer Entitätsmenge oder sämtliche Einzelbeziehungen einer Beziehung aufweisen. Der Wertebereich eines Attributs besteht aus der Menge der Datenbankwerte, die das Attribut für die Entitäten der zugrundeliegenden Entitätsmenge annehmen kann [GEHRING und HOMBERGER].

Entitäten entsprechen einer Eigenschaft eines konkreten Objektes. Bei dem genutzten Beispiel entsprechen die Autofarbe „rot" und die Autonummer „GG-PL-256" einer Entität. Einzelne Entitäten für sich ergeben noch keine Beschreibung. Erst alle Eigenschaften – oder vielmehr Entitäten - zusammengenommen ergeben eine schlüssige Beschreibung eines Objektes oder einer Situation. Die Zusammenfassung jeder aufgetretenen Kombination der Merkmale „Autofarbe", „Preis" und „Automarke" zusammengenommen, beschreiben z.b. die Menge aller betrachteter Autos bei einem Autokauf – und wird als Beziehung zwischen den genannten Entitäten bezeichnet. Hat sich der Autokäufer Autos der Marken Opel, VW und BMW angesehen, dann sind dies die Attribute, die die Entität „Automarke" annehmen kann. Wenn jeweils nur ein Auto einer Marke als mögliches Kaufobjekt angesehen wurde, dann ist das jeweilige Auto mit Nennung der Automarke eindeutig beschreiben. In diesem Fall könnte dieses Attribut auch als Schlüssel genutzt werden.

Neben der Identifikation der Grundbausteine eines Datenmodells ist die Aufgabe der Datenmodellierung, diese in eine gewisse Struktur zu bringen. In der Entwicklungsgeschichte der Datenbanksysteme hat es eine ständige Evolution gegeben. Von einfachen Sätzen in flachen Dateien, über hierarchisch angeordnete oder vernetzte Strukturen bis hin zu dem relationalen und dem multidimensionalen Modell.

5.1 Das relationale Datenmodell

Das relationale Datenmodell ist mit seinem Ansatz der Ursprung der Theorie über Datenbanksysteme. Vorher orientierte sich die Entwicklung der Datenbanksysteme an den technischen Möglichkeiten, so war der relationale Ansatz der erste, der mathematisch begründet war. Die mathematischen Grundlagen wurden von E.F. Codd im Jahr 1970 veröffentlicht [CODD (1970)]. Aufgrund der Vorteile des relationalen Ansatz sind die relationalen Datenbanksysteme (RDBS) in den letzten Jahrzehnten zu einem Industriestandard geworden.

---

[5] Ein Identifikationsschlüssel besteht aus einem Attribut oder aus einer Kombination von Attributen, welche jede Entität einer Entitätsmenge eindeutig identifiziert.

Datenmodellierung

5.1.1 Struktur

"Im relationalen Datenmodell werden Datenbestände durch Relationen repräsentiert. Relationen sind Mengen von gleichartig strukturierten Tupeln, wobei jedes Tupel ein Objekt oder eine Beziehung in der Miniwelt beschreibt. Jede Komponente eines Tupels enthält dabei eine Merkmalsausbildung des entsprechenden Objekts (oder der Beziehung) bezüglich eines ganz bestimmten Merkmals. Diese Merkmale, die also jedes erfasste Objekt in irgendeiner Ausprägung tragen muss, nennt man Attribute. Die Menge aller möglichen Ausprägungen eines Attributs heißt Domäne des Attributs." [LANG und LOCKEMAN (1995)]

Die verständlichste Art, einem Anwender Daten zu präsentieren, ist die Darstellung in einer Tabelle. Eine Tabelle entspricht einer Relation; ein Tupel entspricht einer Tabellenzeile; ein Tabelleneintrag entspricht einem Attribut. Dabei sind in dem relationalen Datenbanksystem die folgenden Punkte zu beachten:

Eigenschaften des relationalen Ansatzes	Anschauliche Erklärung
Attribute sind atomar.	Jeder Eintrag einer Tabelle repräsentiert genau einen Wert.
Alle Attribute sind vom selben Datentyp.	Alle Werte einer Spalte sind vom selben Datentyp.
Jedes Attribut trägt einen Header.	Jeder Spalte einer Tabelle ist ein eindeutiger Name zugeordnet.
Alle Tupel einer Relation unterscheiden sich durch mindestens einen Attributwert.	Jede Zeile einer Tabelle ist eindeutig.
Die Anordnung der Tupel in einer Relation und die Anordnung der Attribute in einem Tupel ist nicht signifikant.	Zeilen und Spalten können in beliebiger Reihenfolge dargestellt, ohne dass der Informationsgehalt oder die Semantik einer beliebigen Funktion beeinträchtigt wird.

Tabelle 2: Eigenschaften der relationalen Datenstruktur

Im weiteren Verlauf der Datenmodellierung werden die Relationen normalisiert[6], das heißt, sie werden einem Prozess unterzogen, um noch vorhandene Redundanzen und unerwünschte

---

[6] Der Prozeß der Normalisierung besteht in der stufenweisen Bildung sogenannten Normalformen:

1. Eine Relation R ist in der 1. Normalform, da sie nur atomare Attributwerte und keine wiederholenden Gruppen enthält.

2. Eine Relation ist in der 2. Normalform, wenn sie sich bereits in der 1. Normalform befindet und wenn jedes Nichtschlüsselattibut vom Identifikationsschlüssel vollfunktinal abhängig ist.

3. Eine Relation ist in der 3. Normalform, wenn sie sich bereits in der 1. Normalform befindet und wenn kein Nichtschlüsselattibut transitiv vom Identifikationsschlüssel abhängt.

[GEHRING und HOMBERGER]

Datenmodellierung

Abhängigkeiten von Attributen zu entfernen. Eine unnormalisierte Datenstruktur lässt sich ohne Informationsverlust in mehrere einfache Strukturen, die zusammen die normalisierte Form bilden, überführen.

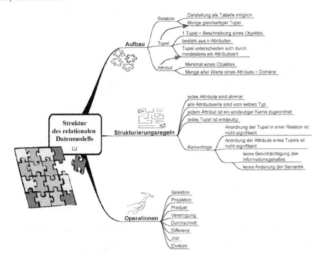

Mindmap 15: Struktur des relationalen Datenmodells

Für die Datenmanipulation stehen in dem relationalen Datenmodell die in der unteren Graphik dargestellten Operationen zur Verfügung.

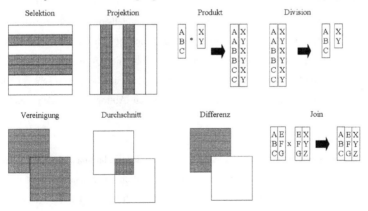

Graphik 5: Operatoren der relationalen Algebra

Datenmodellierung

5.1.2   Vorteile

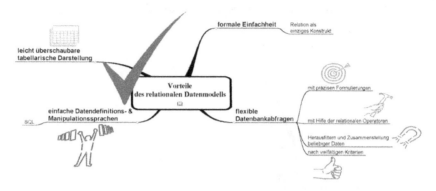

Mindmap 16: Vorteile des relationalen Datenmodells

Die formale Einfachheit und die exakte Formulierbarkeit des relationalen Modells zeichnen die relationalen Datenbanken aus. Die Relation als einziges Konstrukt für die Definition der Datenstruktur begünstigt den Einsatz einfacher und leicht erlernbarer Datendefinitions- und Datenmanipulationssprachen (DDL und DML) auf Basis der relationalen Algebra. SQL ist, trotz aller Dialekte und Herstellerspezifika, zu einem Standard für relationale Datenbankanwendungen geworden.

5.1.3   Nachteile

Die übersichtliche Strukturierung des relationalen Datenmodells bringt jedoch auch Nachteile mit sich – die intuitive Sicht des Anwenders auf die Daten läßt ist in ihr nur schwer darstellen. Die Folge ist, daß die Formulierung mancher Abfragen nur mit SQL-Expertenwissen möglich ist. Die nötigen, vielfach verschachtelten SQL-Abfragen sind darüber hinaus sehr zeitintensiv. Eine Antwortzeit von einigen Minuten bei beliebigen Abfragen läßt sich damit nicht garantieren.

Die Kritikpunkt im einzelnen sind:

- Das relationale Datenmodell unterstützt keine zwischenrelationale Semantik. Für den Vergleich zwischen zweier Datensätze, die z.B. zeitlich auf einander folgen – wie der Umsatz zweier Geschäftsjahre - existiert kein Operator. Ist es gelungen, mit komplizierten, zeitintensiven Abfragen, eine solche Veränderung zu ermitteln, fehlt diverse mathematische Funktionen, um diese zu interpretieren. Eine aussagekräftige Zeitreihenanalyse ist praktisch nicht möglich.

Datenmodellierung

- Auch die in Kapitel 4.3.2 beschriebenen Aggregationen werden nur mangelhaft unterstützt. Werden von den Anwendern aggregierte Daten benötigt, werden die Aggregationsregeln von dem Anwender selbst formuliert und die aggregierten Daten bei jeder gestellten Abfrage erneut berechnet – was zu einer unnötigen Last auf der CPU führt.

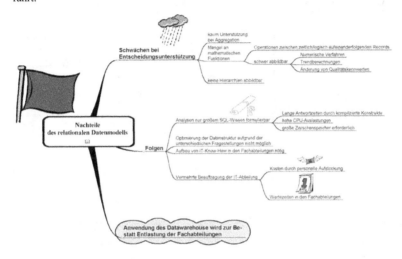

Mindmap 17: Nachteile des relationalen Datenmodells

5.2 Das multidimensionale Datenmodell

Für die Ermittlung von entscheidungsrelevanten Daten ist eine multidimensionale Sicht besser geeignet als die datensatzorientierte relationale Sicht. Für eine sachgerechte Analyse braucht der Anwender ein Gesamtbild der hierarchisch strukturierten Unternehmensdaten. Die Daten, die für die Analyse verwendet werden, sollten nach der intuitiven Sicht und den Bedürfnissen des Anwenders abgespeichert werden, so wie es bei dem multidimensionalen Datenmodell der Fall ist.

5.2.1 Struktur

Das zentrale Objekt einer multidimensionalen Struktur ist der Datenwürfel. Ein Datenwürfel besteht aus einer Menge von orthogonalen Kanten - den Dimensionen. Jede Dimension besteht aus einer Anzahl von Elementen, welche aus der Sicht des Betrachters den gleichen Datentyp aufweisen. Ein Datenwürfel aus zwei Dimensionen repräsentiert eine Tabelle; eine

Datenmodellierung

dreidimensionale Struktur einen Würfel. Bei mehr als drei Dimensionen spricht man auch von einem Hyperwürfel, bzw. Hypercube.

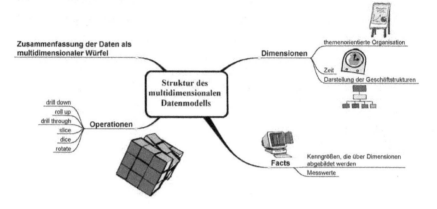

Mindmap 18: Struktur des multidimensionalen Datenmodells

Dimension weisen häufig eine hierarchische Struktur auf. Ein in Kapitel 4.3.2 bereits genutztes Beispiel ist die Dimension „Produkt": Eine Sortimentsmarke kann mehrere Produktlinien enthalten, welche wiederum aus mehreren Produkten besteht. Die hierarchische Beziehung zwischen den Objekten ist für eine Dimension jedoch nicht zwingend erforderlich. Die Dimension „Kunde" kann aus einer Aufzählung aller Kunden repräsentieren – die zueinander in keinerlei Beziehung stehen[7].

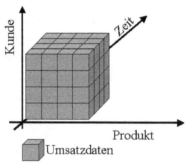

Graphik 6: multidimensionale Datenmodell

Datenmodellierung

Die durch die Dimensionen aufgespannten Räume enthalten die Elemente des Datenwürfels, welch mit den sogenannten Facts gefüllt werden. Facts sind betriebswirtschaftliche Daten wie z.b. der Umsatz, Kosten, Gewinn oder andere Meßwerte der operativen Systeme, die den Dimensionen zugeordnet werden können.

Datenoperationen im multidimensionalen Datenmodell bedeuten im Prinzip, Teile des Datenwürfels zu selektieren oder sich innerhalb des Datenwürfels zu bewegen. Die zur Verfügung stehenden Operationen sind in der unteren Graphik dargestellt.

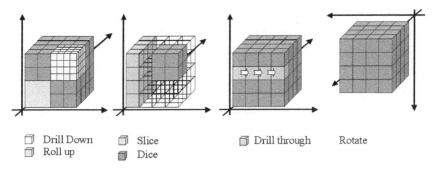

⬚ Drill Down   ⬚ Slice   ⬚ Drill through   Rotate
⬚ Roll up   ⬚ Dice

Graphik 7: Operationen im mehrdimensionalen Datenwürfel

Durch „Rotate" werden die Dimensionen innerhalb des Datenwürfels vertauscht. „Slice and Dice" schneidet Teilbereichen – Scheiben oder Würfel – parallel zu den Kanten des Datenwürfels aus dem Datenwürfel heraus. „Drill through" entspricht der Navigation durch Ausprägungen einer Dimension während bei dem „Drill Down" und „Roll up" durch die Hierarchien innerhalb einer Dimension navigiert wird. Beim „Drill-Down" bewegt man sich von den oberen Hierarchiestufen, die die verdichteten Daten enthalten, abwärts zu immer detaillierteren Informationen. Beim „Roll-Up" wird der umgekehrte Weg gegangen, also von den detaillierten Daten aufwärts zu den stärker aggregierten Daten.

---

[7] Trotzdem hat eine Dimension ohne hierarchischer Struktur die selben Eigenschaften, wie eine Dimension mit hierarchischer Struktur. Sie wird als eine Hierarchie mit nur einer einzigen Hierarchistufe interpretiert.

6 Datenanalyse

In großen Data Warehouse Umgebungen stoßen einfach Abfrage-Werkzeuge für den Datenzugriff schnell an die Grenze ihrer Leistungsfähigkeit. Die Performance wird zum zentralen Thema. Ein weiteres Problem liegt im eingeschränkten Funktionsumfang von SQL. Komplexe Abfragen wie z.B. „Zeige die Kunden mit signifikanten Umsatzrückgängen im letzten Geschäftsjahr im Vergleich zu den Umsätzen der vorangegangenen drei Geschäftsjahre" sind im Standard-SQL nur sehr schwer durchzuführen − die Nutzung eines Data Warehouses wird für die Fachabteilungen eher zur Be- als zur Entlastung. Darüber hinaus werden die Datenbestände immer größer. In der Flut an Daten sind Informationen verborgen, die mit herkömmlichen Analysemitteln nicht extrahiert werden können - nichts desto trotz kann das Wissen um diese Informationen und der Umsetzung der aus ihnen abgeleiteten Strategien den entscheidenden Wettbewerbsvorteil erbringen.

Data Warehouses können nur dann effektiv genutzt werden, wenn den Anwendern adäquate Werkzeuge zur Datenanalyse bereit stehen − zwei Ansätze zur Datenanalyse werden in diesem Kapitel vorgestellt.

6.1 OLAP

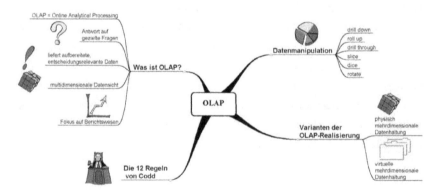

Mindmap 19: OLAP

Unter dem Begriff Online Analytical Processing − oder kurz OLAP − werden spezielle Technologien zusammengefasst, die spezielle für die Durchführung komplexe Analysen auf Basis eines Data Warehouses konzipiert wurden.

Datenanalyse

6.1.1 Was ist OLAP?

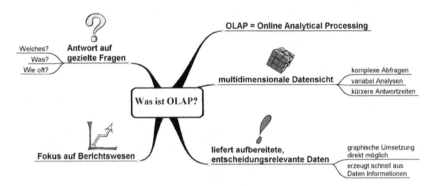

Mindmap 20: Was ist OLAP?

Beim OLAP handelt es sich um eine Technik, die es dem jeweiligen Anwender erlaubt, sich - mittels eines interaktiven Zugriffs auf eine Vielzahl von Sichten und Darstellungsweisen der Basisdaten - entscheidungsrelevante Daten zu generieren. OLAP-Systeme dienen der Entscheidungsunterstützung, indem sie die für eine Analyse relevante Daten nicht nur aus dem Data Warehouse extrahieren, sondern diese nach Vorgabe des Anwenders aufbereiten und sofort grafisch umsetzen können [CLAUSEN (1998)].

In einem Data Warehouse können die bisherigen Sachzusammenhänge der operativen Daten neu, in multidimensionaler Sicht dargestellt werden. Der Anwender kann die für ihn relevanten Daten wie z.b. Zeit, Produkt, Kunde etc. in einem Datenwürfel kombinieren und die Antwort auf gezielte Fragen wie z.b. „Welches ist das Produkt mit der höchsten Umsatz-Steigerungsrate" ermitteln. Diese Technologie erlaubt eine natürlichere Sicht auf die Daten und damit schnellere und vor allem komplexere Abfragen, als diese mit einfachen Abfragetools möglich sind.

Der Fokus von OLAP ist das Berichtswesen. Das Ergebnis jeder beliebigen Abfrage kann in einem Bericht in Form einer Tabelle oder Graphik in der vom Anwender benötigten Art und Weise dargestellt werden. Die neusten Entwicklungen kombinieren die OLAP-Technik mit einem GIS (Geographical Information System), so dass Daten eines Data Warehouses mittels ihres geographischen Bezuges über einer Karte dargestellt werden können[8]. Durch die

---

[8] Ein aktuelles Beispiel ist die Partnerschaft zwischen Business Objects (OLAP) und MapInfo (GIS). Bei beiden Systemen besteht in der neusten Version die Möglichkeit, dass jeweils andere z.B. per Add-In einzubinden.

Datenanalyse

Präsentation der Analyseergebnisse in geeigneter Form können sie von dem Anwender leichter interpretiert und damit schneller ver- und bearbeitet werden.

6.1.2   Die Regeln von Codd

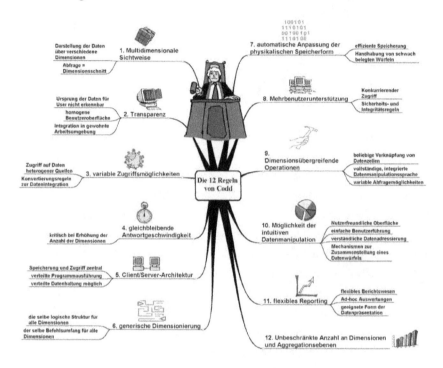

Mindmap 21: Die 12 Regeln von Codd

Der Erfinder des relationalen Modells , E.F. Codd, hat für OLAP zwölf Regeln definiert, die zwar heftig diskutiert, inzwischen aber weitgehend anerkannt sind [CODD, CODD und SALLEY (1993)]. Die Regeln von Codd sind in dem oberen Mindmap aufgeführt. Auf eine detaillierte Beschreibung aller zwölf Regeln wird verzichtet. Es sollen hier nur die aus Anwendersicht wichtigsten Regeln vorgestellt werden:

- Multidimensionalität

  Entsprechend der Sicht eines Analytikers muss sich ein OLAP-Modell in mehrdimensionale Strukturen abbilden lassen.

Datenanalyse

- Transparenz

  Bei der Benutzung von OLAP darf der Endbenutzer nicht mit systemspezifischen Details belastet werden. Es muss eine konsistente, nutzerfreundliche Sicht bereitgestellt werden.

- gleichbleibende Antwortzeit

  Die Antwortzeit sollte im Minutenbereich liegen – unabhängig von der Anzahl der aktuell aktiven Anwender, der Menge oder Art der abgefragten Daten oder der Größe des Data Warehouses.

- Multi-User-Unterstützung

  Bei Multi-User-Unterstützung können mehre Benutzer gleichzeitig auf dasselbe Modell zugreifen. Die Integrität der Datenbasis und Datensicherheit müssen dabei gewährleistet werden.

- Gleichgestellte Dimensionen

  Es sollte für alle Dimensionen nur eine logische Struktur gegeben. Die Handhabung bei der Abfrage ist damit für den Anwender über alle Dimensionen dieselbe.

- Möglichkeit der intuitiven Datenmanipulation

  Die Adressierung der von dem Anwender abgefragten Daten erfolgt intuitiv. Es muss dem Anwender ermöglicht werden, sein Abfrage möglichst in ihrer ursprünglichen Form zu stellen ohne sie in eine spezielle, an die Datenstruktur des Data Warehouse angepasste, Form zu bringen.

- Flexibles Reporting

  Es muss für den Anwender möglich sein, Dimensionen in beliebiger Weise in einem Report miteinander zu verknüpfen. Sowohl die Abfrage als auch die Darstellung der Daten in einem Report muss durch den Anwender änderbar sein.

- Unbeschränkte Anzahl an Dimensionen und an Aggregation

  Datenmodelle entwickeln sich entsprechend den Anforderungen der Anwender weiter. Da nur die Informationen abgerufen werden können, die in dem Datenmodell enthalten sind, muss dieses beliebig erweiterbar sein, ohne dass nennenswerte Performanceeinbußen zu erwarten sind.

6.1.3 Varianten der Realisierung

Im wesentliche kann man zwei Hauptrichtungen von OLAP unterscheiden, die sich in der Art der Datenhaltung differenzieren: die physische und die virtuell mehrdimensionale Datenhaltung.

6.1.3.1 physisch mehrdimensionale Datenhaltung

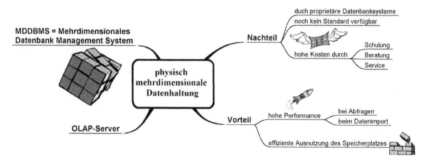

Mindmap 22: Varianten der OLAP-Realisierung - physisch mehrdimensionale Datenhaltung

Die physische mehrdimensionale Datenhaltung wird in der Regel durch proprietäre Datenbanksysteme realisiert, die als OLAP-Server oder MDDBMS (Mehrdimensionales Datenbank Management System) bezeichnet werden. Ihr Vorteil liegt in der hohen Performance bei Datenbankabfragen und beim Ladeprozess. Sind nicht alle Positionen des Datenwürfels mit Daten gefüllt, wird bei der physisch mehrdimensionalen Datenhaltung kein Platzhalter in Form eines NULL-Values[9] gespeichert. Der vorhandene Speicherplatz kann optimal genutzt werden. Die Nachteile dieser Form der Datenhaltung entstehen durch die Nutzung der proprietären Datenbanksysteme. Da bisher noch kein internationaler Standard existiert sind die Kosten, internes Know-How aufzubauen, unter Umständen erheblich. Wurde die MDDB durch einen Hersteller realisiert, müssen die Schulungen, Beratungsleistung und der Service zwangsläufig bei dem selben Hersteller eingekauft werden. Da das dazu nötige

---

[9]Ein NULL-Value hat die Bedeutung „Es liegen keine Daten vor". Er ist von dem Wert „0", der Informationsgehalt besitzt, zu unterscheiden. Beispiel: Die Aussage „Es liegt eine Differenz vom Wert 0 gegenüber dem Sollwert vor" kann das Ergebnis eines Soll-Ist-Vergleiches sein. „NULL" würde in diesem Zusammenhang bedeuten, dass keine nicht alle notwendigen Daten für den Soll-Ist-Vergleich vorliegen.

Know-How auf dem freien Markt kaum existiert, besteht die Gefahr des Preisdiktats durch den Lieferanten.

6.1.3.2 *virtuell mehrdimensionale Datenhaltung*

Die virtuelle mehrdimensionale Datenhaltung oder auch ROLAP für Relational-OLAP nutzt hingegen in Verbindung mit speziellen Modellierungstechniken und einer OLAP-Engine die Fähigkeit eines RDBMS (rationales Datenbank Management System). Bei dieser Form der Realisierung können die Vorteile der relationalen Datenhaltung – Nutzung einer Standard-Datenbank, übersichtliche Form der Datenhaltung und -Darstellung, bestehendes unternehmensinternes Datenbank-Know-How - mit den Vorteilen der multidimensionalen Datenhaltung – Möglichkeit zu komplexeren Abfragen, verbesserte Analysemöglichkeiten – kombiniert werden. Leider ist diese Kombination jedoch nicht vollständig möglich. Die Vorteile des OLAP wie z.b. die optimierte Datenhaltung können bei dieser Realisierungsvariante nicht vollständig genutzt werden.

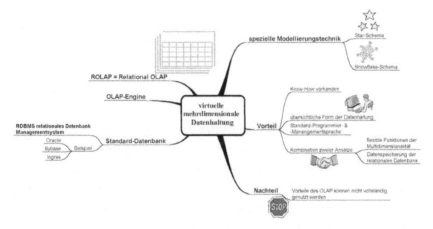

Mindmap 23: Varianten der OLAP-Realisierung - virtuelle mehrdimensionale Datenhaltung

Bei den genutzten Modellierungstechniken unterscheidet man zwischen dem Star- und dem Snowflake-Schema. Bei dem Star-Schema werden die Dimensionen in den relationalen Tabellen in denormalisierten Form abgebildet. Werden die Dimensionstabellen in kleinere Dimensionen zerlegt, so bezeichnet man diese Art der Modellierung als Snowflake Schema. In der unteren Graphik ist ein Beispiel für die beiden Modellierungstechniken gezeigt.

Datenanalyse

Star-Schema   **Snowflake-Schema**

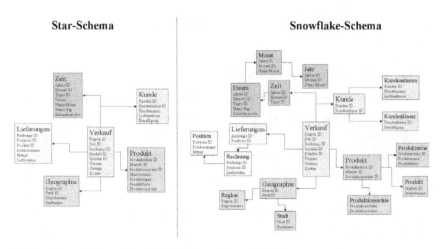

Graphik 8: ROLAP Modellierungstechniken - Beispiel für das Star- und das Snowflake-Schema

Die Vorteile des Star-Schema liegen in der Integration der Aggregationen. Die Vorteile des Snowflake-Schemas dagegen liegen in der Normalisierung. Als Nachteil wird allerdings die erhöhte Komplexität durch die Vielzahl der Tabellen angesehen.

6.2 Data Mining

Die täglich steigende Flut an Informationen aus den verschiedensten Bereichen - wie Medizin, Demographie, Finanzwesen und Marketing um nur einige zu nennen – erschwert es den Benutzern moderner informationsbasierter Systeme, aus den vorhandenen Daten nützliche Informationen und Wissen zu extrahieren. Um die Datenflut beherrschbar zu machen, ist die Entwicklung von neuen, wirksamen Suchmechanismen zur Identifikation von relevanten Informationen erforderlich. Die Forschungsrichtung des Data Mining ist noch relativ jung – sie ist jedoch der derzeit vielversprechendste Ansatz zur Informationsidentifikation in großen Datenbeständen.

Datenanalyse

6.2.1   Was ist Data Mining?

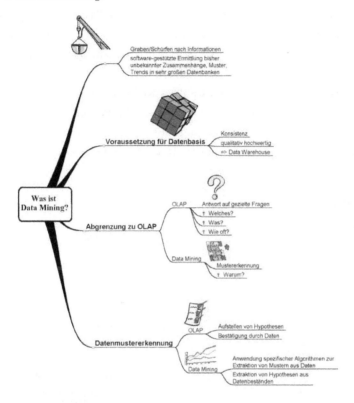

Mindmap 24: Was ist Data Mining

Als Data Mining bezeichnet man die softwaregestützte Ermittlung bisher unbekannter Zusammenhänge, Muster und Trends in sehr großen Datenbanken [HANSEN (1996)]. Eindeutig definiert werden kann dieser Begriff jedoch nicht, da es sich mehr um eine Ganzheit von Methoden und Anwendungen handelt.

Gegenstand des Data Mining sind große, strukturierte Bestände von Daten, in denen interessante, aber schwer aufzuspürende Zusammenhänge vermutet werden. Am effektivsten ist diese Suche innerhalb eines Data Warehouses, welches auf dem multidimensionalen Datenmodell basiert, da dort die Daten ideal vorbereitet sind und konsitent vorliegen [ALPHAR und NIEDEREICHHOLZ (2000)]. Ziel des Data Mining ist es, aus den vorhandenen Daten neue bisher unbekannte Erkenntnisse auf möglichst automatisierte Weise zu extrahieren.

Datenanalyse

Hierin liegt der prinzipielle Unterschied zu OLAP: Beim OLAP werden Hypothesen über Zusammenhänge aufgestellt und anhand von gezielten Fragestellungen überprüft. Beim Data Mining werden Algorithmen zur Identifikation von Mustern auf großen Datenbeständen angewandt. Bei neu erkannten Zusammenhängen wird erst im zweiten Schritt eine Hypothese zu ihrer Erklärung formuliert.

Data Mining kann dazu genutzt werden, das Kundenverhalten besser zu verstehen, und damit das Serviceangebot und die Ansatzzahlen zu verbessern. Da die Ergebnisse der Data Mining Techniken in einer leicht verständlichen Art präsentiert werden, können sie auch von einem Anwender mit geringem Datenbank- oder Data- Warehouse- spezifischen Know-How eingesetzt werden.

6.2.2 Methoden des Data Mining

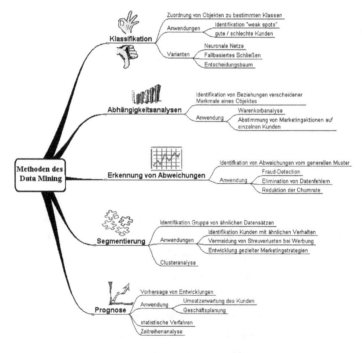

Mindmap 25: Methoden des Data Mining

Kern jedes Data Mining Systems sind die Analysealgorithmen. Sie lassen sich nach ihren Aufgaben klassifizieren, wobei sich die folgende Aufzählung auf die gängigsten Techniken beschränkt. Dabei ist zu beachten, daß häufig eine Kombination der beschriebenen Aufgaben bei der Problemlösung auftritt – jede einzelne Technik ist zumeist für eine bestimmte Problemlage besonders geeignet, komplexe Probleme können jedoch meist nur durch eine Kombination mehrere Techniken gelöst werden.

6.2.2.1 *Klassifikation*

Hauptaufgabe der Klassifikation ist eine Zurodung betrachteter Objekte zu bestimmten Klassen. Die Zuordnung erfolgt auf Grund von Entscheidungsregeln, die auf die Objektmerkmale angewandt werden.

6.2.2.1.1 Entscheidungsbaum

Die Technik des Entscheidungsbaums ist aus dem Bedarf heraus entstanden, komplexe Gesamtentscheidungen über Teilentscheidungen zu lösen [HÖHN (2000)]. Die Datensätze werden bei dieser Technik als Baumdiagramm dargestellt und nach bestimmten Merkmalen segmentiert. Mit Hilfe von Wenn-Dann-Abfragen können die geltenden Regeln innerhalb eines bestimmten Datensatzes abgefragt werden. Ein Beispiel für diese Technik ist in der unteren Graphik gezeigt. Die Erstellung des Baumes erfolgt anhand der vorhandenen historischen Daten.

Durch diese Abfragetechnik können Entscheidungen für zukünftige, ähnliche Situationen automatisiert werden.

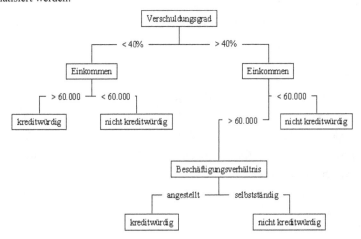

Graphik 9: Beispiel für einen Entscheidungsbaum

6.2.2.1.2 Fallbasiertes Schließen

Mit dieser Technik können zukünftige Entscheidungen aus den Erfahrungen der Vergangenheit abgeleitet werden. Hierfür werden charakteristische Eigenschaften von einzelnen Fällen in einer Datenbank gespeichert. Dies können z.b. alle relevanten Parameter zur Entscheidungsfindung und des daraus resultierenden Geschäftserfolges bei einer Investition sein. Bei neu auftretenden Entscheidungssituationen werden die Parameter gesichtet und mit der Datenbank verglichen, um eine größtmögliche Übereinstimmung mit den historischen Daten zu finden.

Diese Methode ist dann zur Lösung eines neu aufgetretenen Entscheidungsproblems geeignet, wenn die Situation des historischen Falls mit der Situation des neuen Problems übereinstimmt. Der Grad der Ähnlichkeit der Konstellation ist der Genauigkeit der Vorhersage proportional.

6.2.2.1.3 Neuronale Netze

Mit neuronalen Netzen versucht man die Vorgänge des menschlichen Gehirns nachzubilden. Das Wissen zur Lösung einer Aufgabe wird in den Neuronen bzw. den Knoten eines Netzes abgelegt, zwischen denen dann Verbindungen oder sogenannte Links hergestellt werden [WIEKEN (1999)]. Es ist der Entscheidungsbaum-Technik sehr ähnlich – allerdings erweitert es seine Parameter selbständig: das neuronale Netz ist lernfähig. Um ein neuronales Netzwerk sinnvoll verwenden zu können, muss daher zunächst eine Aufgabenstellung anhand von Beispielen trainiert werden. Das Lernen des nötigen Basiswissens wird durch die Angabe von Eingangsmengen und den zu berechnenden Ausgangsmengen erreicht.

6.2.2.2 Segmentation

Unter Segmentation versteht man die Zerlegung oder Partitionierung einer Datenbasis in einzelne Segmente, die jeweils aus Datensätzen bestehen, deren Attributwerte sich zu einem gewissen Grad ähneln – eine typische Aufgabenstellung bei der Durchführung einer Marktsegmentierung. Eine für diese Aufgabe geeignete Technik ist die Clusteranalyse. Dabei werden Rohdaten auf noch nicht bekannte Zusammenhänge hin untersucht. Die Clusteranalyse ist meist der erste Schritt zur Strukturierung von sehr großen Datenbeständen.

6.2.2.3 Prognose

Die Prognose dient zur Vorhersage von unbekannten, zukünftigen Merkmalswerten auf Basis der in der Vergangenheit beobachteten Werte. Ziel ist es, eine Vorhersage über die Zukunft zu treffen. Dabei wird von der Annahme ausgegangen, daß die Zukunft eine Wiederholung der Vergangenheit ist.Die Techniken sind zumeist statistischer Natur wie z.b.. Zeitreihenanalysen. Allerdings kann auch die in dem Kapitel 6.2.2.1.1 beschriebene Methode der Entscheidungsbäume für eine Prognose herangezogen werden.

6.2.2.4 Abhängigkeitsanalyse

Bei der Abhängigkeitsanalyse werden die Beziehungen zwischen verschiedenen Merkmalen eines Objektes untersucht. Diese Beziehungen können sich zu einem bestimmten Zeitpunkt – oder im Verlauf einer Periode manifestieren.

Die Warenkorbanalyse ist das bekannteste Beispiel. Dabei werden Gruppen von häufig gemeinsamen verkauften Produkten gesucht. Sie kommt fast ausschließlich im Einzelhandel zur Anwendung und ermöglicht, bei vorliegenden Ergebnissen, z.B. eine gezielte Verkaufsförderung.

6.2.2.5 Abweichungsanalyse

Während die bisher genannten Techniken dazu genutzt werden, Regelmäßigkeit aufzufinden, dient die Abweichungsanalyse zur Identifikation von Objekten, die den vorher aufgefundenen Regelmäßigkeiten nicht entsprechen. Bei den „Ausreißern" kann es sich um eine neue, interessante Merkmalsausprägung oder um fehlerhafte Daten handeln. Wird ein Ausreißen in einem Datenbestand identifiziert, so durchsucht das Data Mining-Tool alle assoziierten Datenbestände, um die Einflußfaktoren zu erklären, die zu einer abweichenden Merkmalsausprägung geführt haben. Handelt es bei dem Ausreißer um einen fehlerhaften Wert, wird dieser aus dem Datenbestand eliminiert.

Neben der Nutzung zur Steigerung der Datenqualität kann die Abweichungsanalyse zur Entdeckung von Betrugsversuchen – der sogenannt Fraud Detection genutzt werden. Aber auch „normale" Kunden können ein von dem üblichen Kundenverhalten abweichendes Verhalten zeigen. Oft ist dies ein Hinweis auf eine bevorstehende Kündigung und Abwanderung zu einem Konkurrenten. Mit der Abweichungsanalyse können solche Kunden identifiziert und versucht werden, sie mit Hilfe von speziellen Vertriebsmaßnahmen gehalten werden.

7 Gefahren und Misserfolgsfaktoren bei dem Aufbau eines Data Warehouses

Es ist davon auszugehen, dass im Prinzip jedes Unternehmen und jede wirtschaftlich tätige Organisation IT-Lösungen brauchen, die Data Warehouse-Charakter haben. Das für den Data Warehouse-Ansatz typische Problem liegt darin, dass niemals zuvor die Anwender so stark gefordert wurden, ihren Bedarf zu definieren. Die meisten bisherigen IT-Anwendungen waren Umsetzungen konventioneller Verfahren im Sinne von Abläufen der Sachbearbeitung, die relativ leicht definierbar sind. Das Data Warehouse dagegen stellt in einer gewünschten Struktur Daten zur Verfügung, die die Anwender mit eigenen Mitteln abfragen, recherchieren und auflisten können. Diese Anwenderaktivitäten sind weder zeitlich noch inhaltlich exakt vorhersagbar. Es fällt selbst den Anwendern oft schwer, ihren Bedarf zu spezifizieren. Daher empfinden viele Anwender IT-Fragen oft als Domäne der IT-Fachleute, ohne sich zu vergegenwärtigen, dass diese Fachleute Dienstleister sind, die nur dann erfolgreich sein können, wenn die Anwender den Bedarf exakt und vollständig beschreiben.

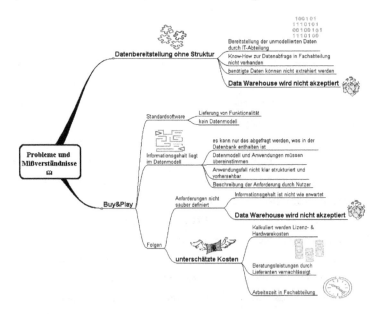

Mindmap 26: Probleme und Missverständnisse bei der Einführung eines Data Warehouses

Probleme und mögliche Missverständnisse bei Einführung eines Data Warehouse

7.1 Motto der Fachabteilung: Buy & Play

PC-Software stellt heute unter der grafischen Oberfläche des Betriebssystems Windows als einfach dar. Bildhafte Anwendungsbeispiele, die zur Demonstration des Tools auf Marketing-Veranstaltungen und –Seminaren verwendet werden, unterstützen den Eindruck der Einfachheit. Hier ist häufig der Effekt zu beobachten, dass die Fachabteilungen nach solchen Eindrücken euphorisch Tools einkaufen, diese in ihrem Unternehmen installieren und dann vom Realitätsschock getroffen werden. Die Realität lehrt sie, dass es ein weiter Weg vom Demonstrationsbeispiel zum betriebswirtschaftlichen Einsatz im konkreten Unternehmenskontext ist. Die Folge sind erhöhte Kosten durch die zusätzlich einzukaufenden Beratungsleistungen des Anbieters. Oft wird bei den Marketing-Veranstaltungen lediglich der Preis der eigentlichen Software genannt – es wird bewusst verschwiegen, dass die zur Definition und Implementierung des Datenmodells noch einzukaufende Beratungsleistung je nach Komplexität der Anwendung und des Informationsbedarfs der Anwender die Anschaffungskosten um ein Vielfaches übersteigen kann.

Aber nicht nur die zusätzlich einzukaufenden Leistungen führen zu einer nicht kalkulierten Erhöhung der Anschaffungskosten. Auch wenn der Anwender beratend die Implementierung begleitet – in jedem Fall müssen die Anwender der Fachabteilungen ihren Informationsbedarf detailliert spezifizieren. Da externe Berater oder die Fachleute der unternehmenseigenen IT-Abteilung nicht über das Know-how der Fachabteilungen verfügen, kann die Erstellung der Spezifikation nicht an sie delegiert werden. Die Arbeitszeit zur Erstellung der Spezifikation in der Fachabteilung ist ein zusätzlicher, oft unterschätzter Kostenfaktor bei der Einführung eines Data Warehouses.

7.2 Motto der IT-Abteilung: „Wir stellen nur die Daten bereit"

Aber nicht nur die Anwender können die Komplexität der Einführung eines Data Warehouses falsch einschätzten. Auch die IT-Abteilung kann dabei Fehler begehen.

Häufig ist das Selbstverständnis der IT-Abteilung, dass sie für die operativen Anwendungen und Datenbanken verantwortlich ist. Wenn die Anwender darüber hinaus mit diesen Daten „spielen" wollen, dann gibt man ihnen ein „Spielzeug", indem man ihnen eine einfache Kopie operativen Daten zur Verfügung stellt. Diese operativen Daten sind mit komplexen Indizes miteinander verknüpft; viele Inhalte sind in Zahlen verschlüsselt und die Strukturen sind für die Verarbeitung durch die operativen Systeme optimiert. Die Daten sind in dieser Form für

Probleme und mögliche Missverständnisse bei Einführung eines Data Warehouse

den Anwender nicht lesbar. Diese „Ursuppe" muss in eine sachgerechte Datenstruktur überführt werden, die von der Aufgabenstellung der Anwender abgeleitet wird. Erfolgt dieser Schritt nicht, kann das „Data Warehouse" von den Anwendern nicht oder nur mit großer Mühe genutzt werden – und kann somit keine Akzeptanz bei den Anwendern finden.

Literaturverzeichnis

ALPHAR, P. & NIEDEREICHHOLZ, J.: Data Mining im praktischen Einsatz
Vieweg, Deutschland, 2000

CLAUSEN, N.: OLAP
Addison-Wesley-Longmann, Bonn, 1998

CODD, E.F.: A Relational Model of Data for Large Shared Data
Banks
in: CACM 6/1970, S.377-379

CODD, E. F. , CODD, S. B.
& SALLEY, C. T.: Providing OLAP to User-Analysts: An IT Mandate
E.F. Codd & Associates, White Paper, o.O. 1993

GEHRING, H. & HOMBERGER, J.: Datenbanksysteme Kurseinheit 2
Fernuniversität Hagen, 1996

HANSEN, H. R.: Wirtschaftsinformatik 1
Lucius und Lucius, Stuttgart, 1996

HÖHN, R.: Der Data Warehouse Spezialist – Entwurf, Methoden,
Umsetzungen eines Data Warehouses
Addison-Wesley, Deutschland, 2000

LANG, S. M. & LOCKEMAN, P. C.: Datenbankeinsatz
Springer, Berlin (u.a.), 1995

POE, V. & REEVES, L.: Aufbau eines Data Warehouse
Prentice Hall, Haar bei München, 1997

WIEKEN, J.: Der Weg zum Data Warehouse
Addison-Wesley, München, 1999

Abbildungsverzeichnis

Graphiken

Tabellen

Mindmaps

www.ingramcontent.com/pod-product-compliance
Lightning Source LLC
La Vergne TN
LVHW092355060326
832902LV00008B/1046